Mis emociones
TRANQUILO

Un libro de Las Raíces de Crabtree

AMY CULLIFORD

Traducción de Pablo de la Vega

CRABTREE
Publishing Company
www.crabtreebooks.com

Apoyos de la escuela a los hogares para cuidadores y maestros

Este libro ayuda a los niños en su desarrollo al permitirles practicar la lectura. Abajo están algunas preguntas guía para ayudar al lector a fortalecer sus habilidades de comprensión. En rojo hay algunas opciones de respuesta.

Antes de leer:

- ¿De qué pienso que trata este libro?
  - *Este libro es sobre el sentimiento de tranquilidad.*
  - *Este libro es sobre cómo se ve o se siente estar tranquilo.*
- ¿Qué quiero aprender sobre este tema?
  - *Quiero aprender qué hace que la gente se sienta tranquila.*
  - *Quiero aprender cómo se ve una persona tranquila.*

Durante la lectura:

- Me pregunto por qué...
  - *Me pregunto por qué sonreímos cuando estamos tranquilos.*
  - *Me pregunto por qué darse un baño hace que la gente se sienta tranquila.*
- ¿Qué he aprendido hasta ahora?
  - *Aprendí que dibujar puede ayudarte a sentirte tranquilo.*
  - *Aprendí que la gente se sienta cuando está tranquila.*

Después de leer:

- ¿Qué detalles aprendí de este tema?
  - *Aprendí que hay muchas maneras de sentirse tranquilo.*
  - *Aprendí que puedes pensar bien las cosas cuando estás tranquilo.*
- Lee el libro una vez más y busca las palabras del vocabulario.
  - *Veo la palabra **dibujar** en la página 4 y la palabra **música** en la página 8. Las demás palabras del vocabulario están en la página 14.*

¿Qué te hace sentir **tranquila**?

Dibujar me ayuda a estar tranquila.

Me siento cuando
estoy tranquilo.

La **música**
me tranquiliza.

Puedo pensar cuando estoy tranquilo.

Darme un **baño**
me tranquiliza.

Sonrío cuando estoy tranquila.

¿Qué te hace
estar tranquilo?

Lista de palabras

Palabras de uso común

a	hace	sentir
cuando	la	te
estar	me	un
estoy	puedo	

Palabras para conocer

baño

dibujar

música

sonrío

tranquila

39 palabras

¿Qué te hace sentir **tranquila**?

Dibujar me ayuda a estar tranquila.

Me siento cuando estoy tranquilo.

La **música** me tranquiliza.

Puedo pensar cuando estoy tranquilo.

Darme un **baño** me tranquiliza.

Sonrío cuando estoy tranquila.

¿Qué te hace estar tranquilo?

Mis emociones

TRANQUILO

Written by: Amy Culliford
Designed by: Rhea Wallace
Series Development: James Earley
Proofreader: Ellen Rodger
Educational Consultant:
Marie Lemke M.Ed.
Translation to Spanish:
Pablo de la Vega
Spanish-language lay-out and
proofread: Base Tres
Print and production coordinator:
Katherine Berti

Photographs:
Shutterstock: Juan Pablo Gonzaález: cover;
    ZouZou: p. 1; ESB Professional: p. 3, 14;
    LightField Studio: p. 5, 14; Africa Studio: p. 8,
    14; Newman Studio: p. 9, 14; Chz_mhOng: p.
    10, 14; narikan: p. 11, 14; Rusian Shugushev: p. 13

Library and Archives Canada Cataloguing in Publication

Title: Tranquilo / Amy Culliford.
Other titles: Calm. Spanish
Names: Culliford, Amy, 1992- author. | Vega, Pablo de la, translator.
Description: Series statement: Mis emociones | Translation of: Calm. |
    Translation to Spanish: Pablo de la Vega. | "Un libro de las raices de
    Crabtree". | Text in Spanish.
Identifiers: Canadiana (print) 20210208058 |
    Canadiana (ebook) 20210208066 |
    ISBN 9781427140005 (hardcover) |
    ISBN 9781427140067 (softcover) |
    ISBN 9781427139887 (HTML) |
    ISBN 9781427139948 (EPUB) |
    ISBN 9781427140128 (read-along ebook)
Subjects: LCSH: Calmness—Juvenile literature.
Classification: LCC BF575.C35 C8518 2022 | DDC j152.4—dc23

Library of Congress Cataloging-in-Publication Data

Available at the Library of Congress

Crabtree Publishing Company

Printed in the U.S.A./062021/CG20210401

www.crabtreebooks.com   1-800-387-7650

Published in the United States
Crabtree Publishing
347 Fifth Avenue, Suite 1402-145
New York, NY, 10016

Published in Canada
Crabtree Publishing
616 Welland Ave.
St. Catharines, Ontario L2M 5V6